Invertir en el Mercado de Valores para Principiantes:

¡7 Pasos para Aprender Cómo Crear su Libertad Financiera a Través de la Inversión en el Mercado de Valores, con estos Consejos de Oro!

Tabla de contenido

3

información específica, se considerará un acto ilegal independientemente de si se realiza de forma electrónica o impresa. Esto se extiende a la creación de una copia secundaria o terciaria del trabajo o una copia grabada y solo se permite con el consentimiento expreso por escrito del Editor. Todos los derechos adicionales reservados.

La información en las siguientes páginas se considera en términos generales como una cuenta veraz y precisa de los hechos y, como tal, cualquier falta de atención, uso o mal uso de la información en cuestión por parte del lector rendirá cualquier acción resultante únicamente bajo su alcance. No hay escenarios en los que el editor o el autor original de este trabajo pueda ser considerado responsable de las dificultades o daños que puedan surgir después de comprometerse con la información aquí descrita.

Además, la información en las siguientes páginas está destinada solo para fines informativos y, por lo tanto, debe considerarse universal. Como corresponde a su naturaleza, se presenta sin garantía de su validez prolongada o calidad provisional. Las marcas comerciales que se mencionan se realizan sin consentimiento por escrito y de ninguna manera pueden considerarse un respaldo del titular de la marca.

Introducción

Felicitaciones por haber descargado Invertir en el Mercado de Valores para Principiantes y gracias por haberlo hecho. Llegar a un punto en su vida en el que está listo para dejar de pagar cheque a cheque y finalmente poder comenzar a poner a trabajar su dinero para usted es un gran logro y uno por el que debe ser aplaudido.

Desafortunadamente, tomar la decisión de invertir su dinero y hacerlo con éxito son dos cosas muy diferentes, por eso los siguientes capítulos analizarán todo lo que necesita saber para garantizar que pueda invertir de manera inteligente en su futuro. Primero, aprenderá todo acerca de la razón por la cual invertir en el mercado de valores, desde lo que necesita saber para comenzar y la jerga que puede esperar escuchar de manera regular. Así también, aprenderá todo sobre la mentalidad que tienen los inversionistas exitosos y cómo cultivarla.

A partir de ahí, aprenderá todo sobre el análisis técnico y fundamental, los dos pilares para invertir con éxito en el mercado de valores; qué son, cómo usarlos y, lo que es más importante, qué necesita saber para obtener beneficios. A continuación, encontrará una amplia variedad de estrategias adecuadas sea para los inversores novatos como para todos los demás rangos. Finalmente, encontrará numerosos consejos y trucos para llegar al éxito, así como los errores comunes que cometen muchos nuevos inversionistas y, lo que es más importante, cómo evitarlos.

Hay muchos libros sobre este tema en el mercado, ¡gracias de nuevo por elegir este! Se hicieron todos los esfuerzos para garantizar que esté lleno de la mayor cantidad de información útil posible, ¡por favor, disfrutelo!

Capítulo 1: Conceptos Básicos de Inversión

¿Por qué el Mercado de Valores?

Con la seguridad de un trabajo tradicional que cada vez más es un recuerdo lejano con cada año que pasa, más y más personas están considerando otras formas de asegurarse de que puedan retirarse cómodamente cuando llegue el momento. El medio más popular para hacer realidad este sueño es la participación en el mercado de valores, componente fundamental recomendado por cualquier cartera, independientemente de si el objetivo es la riqueza a corto o largo plazo.

Si bien es probable que hayas sido conciente de la existencia del mercado de valores prácticamente toda tu vida, pero eres como la mayoría de las personas, nunca has pensado mucho en los detalles de las acciones. Como tal, el mejor lugar para comenzar es con la explicación de las razones por las cuales existen y porque comenzar con ellas. Para empezar, las compañías emiten acciones por una sola razón: como una forma de aumentar el capital. La emisión de la primera ronda de acciones es la propiedad de una compañía que decide ceder una parte del control de su compañía a personas externas como una forma de reunir capital para el futuro crecimiento. La emisión de acciones es lo que se conoce como financiación de capital. Si bien la compañía está renunciando a una parte específica de la propiedad en la empresa, a cambio, obtienen acceso a una fuente de ingresos por la que no tienen que preocuparse de pagar. Los accionistas iniciales que compran en compañías no probadas se arriesgan a que las acciones valgan más de lo que están comprando a cambio de posibles grandes recompensas si la evaluación inicial de las acciones es especialmente favorable. La primera vez que una empresa decide vender una parte de sus acciones se conoce como una oferta pública inicial.

En un nivel inicial, una acción se considera una representación física de una reclamación sobre una parte de los activos y ganancias de una empresa.

Cuantas más acciones, de las acciones de una compañía estén actualmente en el mercado, menor será el valor de cada acción.

Cómo ganar dinero en el mercado de valores.

Cuando compra acciones, o más específicamente, las acciones comunes de una empresa, puede comprar la propiedad de una empresa. Es decir, usted también gana dinero al igual que los propios dueños del negocio. Por lo tanto, usted también gana dividendos y obtiene ganancias del capital.

Los dividendos se refieren a la participación en las ganancias de un inversionista en la compañía. Normalmente los declara el consejo de administración de una empresa y se transfieren a los tenedores de acciones. Quizás se pregunte ¿por qué una empresa declararía dividendos?. La razón es que el propio consejo de administración también es accionista de la empresa, y al declarar dividendos, también ganan. Además, en algunos estados, existen leyes que impiden el exceso de tenencia de dividendos.

Las ganancias de capital o la revalorización de capital es la forma habitual en que un inversionista gana dinero. Esto significa, que el valor de las acciones que posee ha aumentado desde el momento cuando las compró. Por ejemplo, si compró algunas acciones a $10 por acción hace seis meses y su valor ahora es de $20 por acción, entonces tiene ganancias de capital del 100%.

La cantidad de dinero que puede ganar o perder invirtiendo en acciones depende principalmente de su disposición para aprender, así como de cuán disciplinado sea. Al igual que cualquier otra inversión o negocio, existen riesgos cuando se invierte en acciones. Por un lado, el mercado de valores es inherentemente riesgoso porque es difícil predecir el comportamiento del mercado. También hay muchos factores que afectan los precios de las acciones, como la economía, el comportamiento del consumidor, el gobierno, la competencia y otros. También hay inversores que pierden su dinero por desconocimiento.

Estas son las personas que no toman el tiempo y el esfuerzo para investigar y analizar el mercado.

A pesar de los riesgos involucrados, muchas personas todavía invierten su dinero en el mercado de valores. La razón es que el mercado de valores puede ser rentable si tiene el conocimiento correcto y la voluntad de aprender. No hace falta decir que ser un inversionista exitoso también requiere de práctica continua.

El mayor potencial de crecimiento: si bien el mercado tiene sus altibajos, como puede atestiguar la Gran Recesión, dando un plazo suficientemente largo, es más probable que obtenga un mayor retorno de su inversión con acciones que con bonos del tesoro, materias primas, y más. Históricamente hablando, las acciones generalmente proporcionan alrededor de un 10 por ciento de rendimiento a largo plazo en comparación con el 5 por ciento que puede esperar ver con los Bonos del Tesoro.

Actualmente, la mayoría de las cuentas de ahorro solo ofrecen un interés anual de 0.05 por ciento en las cuentas de ahorro estándar. Esto significa que si tiene

$10,000 en sus ahorros, entonces está viendo un crecimiento de $5 por año. Sin lugar a dudas, existen mejores opciones para maximizar sus ahorros y la inversión en el mercado de valores es una de las apuestas más seguras que existen.

Control definitivo: una de las claves para vencer la volatilidad e invertir de manera confiable es controlar todo lo que pueda mediante el uso de la diversificación. Las acciones, a su vez, le permiten tener el mayor nivel de libertad cuando se trata de poner su dinero donde usted cree que obtendrá el mayor beneficio en ese momento. Seguramente deseará tener una cartera que contenga opciones más diversas y más seguras, pero cuanto más se mantenga en el mercado de valores, más podrá controlarla fácilmente.

El mercado de valores es ambivalente: para el mercado de valores, usted no es un copo de nieve único y hermoso con sus propias esperanzas y sueños, solo es números que interactúan con millones y millones de números, igual que cualquier otro. Si bien esto puede parecer un pensamiento deprimente, es solo porque lo está viendo desde un punto de vista negativo. Lo que realmente significa esta falta de atención personal es que con la capacitación, las habilidades y la dedicación adecuadas, no hay nada que le impida alcanzar sus sueños de inversión y mucho más. Lo único que se interpone entre usted y ese nivel de éxito es el tiempo y el esfuerzo que mete para invertir con éxito.

Valor a corto y largo plazo: Las acciones también son únicas porque pueden proporcionar ingresos a corto plazo y crecimiento a largo plazo. Muchas acciones de valor con las que se encontrará serán lo que se conoce como acciones de crecimiento. Como su nombre lo indica, las acciones de crecimiento crecen y continúan creciendo. Una vez que esta rápida tasa de crecimiento cesa, también lo hace la clasificación de la población en crecimiento. Si esto no se ve como parte del ciclo de vida de un mercado en proceso de maduración, entonces generalmente también conlleva una fuerte reacción. Los inversores que se centran en el crecimiento consideran solo el precio de las acciones y prestan muy poca atención al potencial de dividendos de las acciones en las que invierten.

Las acciones de ingresos, por otro lado, son acciones que representan acciones de compañías maduras y estables que tienen más probabilidades de pagar dividendos estables. Los dividendos son una parte de las ganancias de una empresa que se devuelven a los accionistas, generalmente 4 veces al año. También hay un tipo especial de acciones, llamado acciones preferentes, que paga un dividendo garantizado durante el tiempo que las mantenga. Si está interesado en apoyarse solo en el mercado de valores, entonces una combinación de acciones de crecimiento y acciones que generan ingresos asegurará que tenga todas sus bases cubiertas

Tipos de Acciones

Acciones comunes: hay dos tipos principales de acciones que encontrará mientras busca inversiones y acciones comunes, que como habrá supuesto, serán las más frecuentes de las dos. Las acciones comunes son el tipo de acciones que se discutió anteriormente, le proporcionan una propiedad parcial en una compañía y también tienen el potencial de generar dividendos. Las acciones comunes ofrecen una cantidad equilibrada de riesgo y recompensa y ofrecen más de ambas acciones preferentes.

Acciones preferidas: este tipo de acciones brinda a los propietarios un nivel relacionado a la propiedad en la empresa en cuestión, sin ninguna posibilidad de derecho de voto. Sin embargo, lo que hace que estas acciones sean las preferidas, es el hecho de que garantizan una tasa de dividendos establecida que se pagará mientras la compañía aún esté en el negocio. Además, a los tenedores de acciones preferentes también se les paga por sus acciones antes que a los tenedores de acciones ordinarias en caso de que la compañía salga del negocio. Sin embargo, no todo es positivo con las acciones preferentes, ya que la compañía puede recomprar las acciones, con una prima, en cualquier momento sin su consentimiento.

Acciones de clase A y B: si bien existen solo los dos tipos principales de acciones, también hay diferentes subclases que las compañías pueden usar si deciden que solo quieren que ciertos individuos tengan derechos de voto. Cuando esto ocurre, los accionistas de clase A generalmente conservan sus derechos y los accionistas de clase B los pierden.

Conceptos básicos del mercado de valores

Cada acción se negocia, en lo que se conoce como un intercambio, con el más conocido que es la Bolsa de Nueva York (NYSE). Mientras que antes eran ubicaciones puramente físicas donde se realizaban las operaciones, ahora son principalmente destinos en línea con computadoras que realizan la mayoría de las operaciones en lugar de personas reales. El mercado de valores, en su conjunto, existe como una forma de garantizar que las bolsas de valores sean tan simples, fáciles y libres de riesgos como sea posible. Cada mercado de valores se puede desglosar en un mercado primario y en un mercado secundario.

Inversión a corto plazo vs. inversión a largo plazo

Usted es libre de elegir cuánto tiempo desea invertir en el mercado de valores. Hay muchos traders que invierten solo en el transcurso de un solo día. Por lo tanto, se les llama Traders de día o Intradiarios, pero también es normal encontrar personas que invierten en acciones durante más de cinco años. Todo depende de su preferencia, así como de cómo desea acercarse al mercado de valores. No existe una regla estricta y rápida sobre cuándo clasificar una inversión a corto o largo plazo. Algunas inversiones comienzan a corto plazo, pero luego se convierten a largo plazo durante el proceso. Para empezar, la mayoría de las personas define una inversión a corto plazo como cualquier inversión que dure un año. Por lo tanto, todas las demás inversiones que duran más de un año se consideran una inversión a largo plazo.

Vale la pena señalar que el mercado de valores no fluctúa rápidamente. Por lo tanto, no puede esperar un gran retorno de una inversión a corto plazo tanto como puede obtener de una inversión rentable a largo plazo. Muchas inversiones a corto plazo solo duran un mes o unos pocos meses.

El desafío con la inversión a largo plazo es que es más difícil predecir cómo responderá el mercado a lo largo de la operación. A pesar de que el mercado se encuentra muy mal hoy en día, puede encontrarse mejor después de un año. Por supuesto, lo contrario también puede suceder. El propósito de la inversión también importa. Si desea obtener efectivo rápido, debe realizar una inversión a corto plazo. Pero, si desea invertir para su jubilación, realizar una inversión a largo plazo es el camino a seguir.

Cabe señalar que el mercado se toma su tiempo para reaccionar. Este es uno de los problemas por los que ser un Traders Intradiario puede no ser una buena opción ya que el mercado puede tardar más de 24 horas antes de responder a su predicción. Otro factor diferenciador es la estrategia que adapta. Por ejemplo, para una inversión a corto plazo, el análisis técnico sería útil para usted; sin embargo, para una inversión a largo plazo, el análisis fundamental sería la mejor opción.

Terminología

AMEX: es un acrónimo que corresponde a la Bolsa de Valores de Estados Unidos, en los EE. UU. Es el tercer mercado de intercambio más grande según el volumen de operaciones. El AMEX está ubicado en la ciudad de Nueva York y se encarga de aproximadamente el 10% de todos los valores negociados en los EE. UU. AMEX fue comprado por NYSE Euronext en 2008, y en 2009 se convirtió en el NYSE Amex Equities, aunque todavía es mencionada por muchos como simplemente AMEX.

Solicitar: el precio mínimo al que los vendedores de acciones están dispuestos a vender sus acciones a potenciales compradores de acciones.

Oferta: el precio que los posibles inversionistas compradores están dispuestos a pagar por acciones.

Análisis fundamental: una forma de investigar el mercado en la que un inversor analiza diversos factores fundamentales. Estos factores incluyen principalmente comunicados de prensa, condiciones de la industria, ratios financieros, resultados financieros y pueden incluir mucho más.

Interrumpir: cuando en un intercambio se deja de cotizar una acción, ya sea de forma temporal o permanentemente. En ciertos casos, una empresa puede solicitar que sus propias acciones se interrumpan. Existen numerosas causas para detenerse, pero por lo general incluye la publicación de información vital que tendrá un impacto significativo en el precio por acción. La interrupción les da a los accionistas tiempo suficiente para que esa noticia o el anuncio lleguen a ellos adecuadamente.

Acciones de Gran Capitalización: "Cap" es la abreviatura de "capitalización", y se refiere a la capacidad de capitalización de una compañía, es decir, el número total de acciones disponibles multiplicado por el precio por acción. Para que una acción sea considerada como una acción de grand capitalización, su valor estará en el rango de cientos de millones de dólares, a diferencia de las acciones de Penny (Penny Stocks) que generalmente valen alrededor de $50 millones o menos.

Límite de Orden: el precio exacto especificado que un inversionista está dispuesto a aceptar por acción cuando busca comprar o vender una acción.

Capitalización de Mercado: este término se refiere a un método para calcular fácilmente el valor de una compañía y establece que, dentro de una compañía específica, la cantidad de acciones multiplicada por el precio por acción es igual a la capitalización de mercado de la compañía.

Órdenes de mercado: cuando un inversionista desea comprar o vender cualquier cantidad de acciones de un mercado sin proporcionar necesariamente el precio por acción está dispuesto a aceptar. El inversionista recibirá el mejor precio disponible en el momento en que el pedido llegue al mercado, lo que significa que el inversionista obtendrá el "precio de mercado".

NASDAQ: acrónimo de la Asociación Nacional de Cotizaciones Automatizadas de Comerciantes de Valores.NASDAQ, es el mayor intercambio electrónico del mundo, del mercado de valores. Esto significa que NASDAQ -no tiene que depender de una ubicación central para realizar sus operaciones. En cambio , las operaciones de NASDAQ se realizan a través de su sofisticada red de telecomunicaciones y computadoras. Esta red tiene la capacidad de transmitir datos comerciales y de cotización en tiempo real a más de 1.3 millones de usuarios en más de 80 países. Debido a que NASDAQ no tiene limitaciones geográficas ni límites de tamaño, su estructura de mercado tiene espacio para que virtualmente un número ilimitado de inversores negocien con las acciones de cualquier compañía que figuran en su bolsa.

NASDAQ SmallCap: una subsección de NASDAQ donde las empresas que comercian no pueden cumplir con los requisitos de listado del principal intercambio NASDAQ, o donde las empresas comercian cuando tienen menor capacidad de capitalización. La mayoría de las acciones que se listan en NASDAQ Small Cap son acciones de Penny con un precio de alrededor de $1.00 a $5.00 por acción.

NYSE - Un acrónimo de la Bolsa de Valores de Nueva York , la bolsa de valores más antigua de los Estados Unidos. NYSE es una bolsa de valores que tiene su sede en la ciudad de Nueva York y se considera que es el mayor lugar de intercambio en todo el mundo basado en acciones.

Comercio de papel (Paper Trading): cuando un potencial inversor realiza un seguimiento del dinero imaginario en una simulación de mercado.

<u>Tolerancia al Riesgo:</u> la cantidad de especulación e incertidumbre que un inversionista está dispuesto a aceptar con sus inversiones. Si un inversionista está preparado para perder su dinero pero quiere intentar obtener grandes ganancias, ese inversionista tiene una alta tolerancia al riesgo. Si un inversionista permanece despierto por la noche porque está preocupado por su inversión de $100, entonces ese inversionista tiene una baja tolerancia al riesgo.

<u>Acciones de baja capitalización:</u> las acciones de baja capitalización generalmente tienen un valor de unos pocos millones de dólares y hasta, aproximadamente, $50 millones de dólares e incluyen acciones de Penny.

<u>Spread:</u> en pocas palabras, un spread es la diferencia entre el precio de venta y el precio de oferta. Cuando se trata de acciones de Penny, el inversor generalmente experimentará un margen de precios más amplio que otras acciones.

Evaluación de stock: el proceso de un inversor que filtra numerosos títulos hasta un número menor basandose en sus parámetros personales específicos.

Análisis técnico: el método de investigación en el que un posible inversor busca patrones en el gráfico de operaciones de una acción para intentar predecir los precios futuros de esa misma acción.

Código Bursatil: la representación dada a una acción específica en un intercambio con una combinación de letras. Cuando un inversionista potencial está investigando o negociando acciones, es necesario saber cuál es el código único de esa compañía.

Volumen - La cantidad total de acciones que se negocian por día.

Capítulo 2: Invierta en Su Modo de Pensar

Considere su Grupo de Habilidades: Lo primero que querrá hacer es asegurarse de tener en cuenta su nivel general de familiaridad con el mercado de valores, así como su nivel de experiencia con la inversión en general. Si bien el proceso real de invertir en acciones es bastante simple, las razones detrás de por qué lo haría podrían ser extremadamente complicadas. Si está empezando de cero, eso es perfectamente aceptable pero tendrá que tener una planificación, incluso cuando puede comenzar a ver ganancias reales. Además de su conocimiento en las inversiones, debe analizar sus fortalezas fundamentales y sus debilidades para que sepa cual de ellas tiene el potencial de ayudarlo en su camino y qué es lo que probablemente lo obstaculice.

Cuando tenga el tiempo de mirarse hacia adentro de usted mismo, es importante que realmente se analice con toda su capacidad. No ganará nada al sobreestimar sus habilidades y, de hecho, puede estarse preparando para el fracaso. Es especialmente importante que considere cómo reacciona ante situaciones estresantes, ya que si piensa que no seguirá su plan cuando sea más importante, es probable que también tenga que planificarse para eso.

Piense en otros factores: después de analizarse usted mismo, querrá considerar el mundo que lo rodea para estar mejor preparado cuando llegue el momento de comenzar a negociar activamente en el mercado de valores. Deseará tener en cuenta los problemas específicos con los que podría tener que lidiar y considerar cómo podrían afectar su capacidad de inversión a corto o largo plazo. Los desafíos pueden ser cosas como no tener el capital para comenzar como le gustaría o pueden ser más personales, como los problemas que hacen que decidir qué depara el futuro sea más complejo de lo que otros podrían esperar que sea. Los problemas serán diferentes para todos, pero saber lo que son significa tener la mitad de la batalla ganada. El mercado es lo suficientemente inconsistente, no lo intente y no lo haga sin tener todas las otras variables posibles bloqueadas.

Considere cuánto riesgo es adecuado para usted: cuando se trata de asegurarse de tener la mentalidad correcta antes de invertir, la decisión sobre cuanto riesgo se puede permitir es algo muy importante. La cantidad perfecta de riesgo que decida será diferente a la de todos los demás, es por ello que es tan importante evitar los planes de cookies que promocionan muchos sitios web. En su lugar, querrá comenzar por decidir el nivel de fondos que va a dedicar a la inversión. Con esta cantidad en mente, puede determinar cuál debe ser la cantidad máxima de cada inversión para asegurarse de que no se extienda en ninguna dirección en particular.

Además de su realidad financiera, también deberá considerar cuánto tiempo finalmente planea gastar concentrándose en sus inversiones junto con la cantidad de ganancias que espera ver en el proceso. Si, después de determinar la cantidad de tiempo que espera aprovechar al máximo, sus estimaciones financieras no son tan altas como le gustaría, puede cambiar la cantidad de tiempo que planea gastar o la cantidad de riesgo que está dispuesto a poner. Solo hay estas tres variables con las que puede trabajar. Tenga cuidado cuando se trata de aumentar su riesgo, ya que es probable que las grandes cantidades de riesgo generen pérdidas importantes, ya que son imprevistas.

También deberá conocer varias fechas de vencimiento importantes, tanto para el activo subyacente de su elección como un todo, así como cualquier participación que pueda tener específicamente. Los informes de ganancias de todos los tipos seguramente tendrán un efecto notable en el mercado y, si lo sorprenden, no tienen más remedio que asumir una pérdida que, en muchos casos, puede ser bastante grave. También deberá saber cuándo vencen los pagos de dividendos para cualquier opción relacionada con las acciones que pueda tener. Ser propietario de una opción no le da derecho a un dividendo, por lo que debe saber cuándo ejercer sus opciones si desea maximizar sus ganancias en todo momento.

Entienda cuánto querrá tener mientras que sea todo bueno: cuando se trata de crear una estrategia exitosa, es importante que se tome el tiempo para determinar exactamente cuándo va a querer salir de cada inversión que haga, sin importar lo que haga. .Elegir este punto significa considerar su nivel aceptable de riesgo y, en última instancia, servirá para limitar sus pérdidas, aunque también hará lo mismo con sus ganancias.

Ponga más valor a la paciencia: la paciencia es una de las cosas más importantes y más difíciles de aprender para muchos inversores. Esto se debe a que sentarse con el dinero en la mesa es una habilidad bastante difícil de dominar. Por suerte, como todas las habilidades, se puede mejorar con la práctica. Para perfeccionar esta habilidad, es importante internalizar el hecho de que no siempre está haciendo grandes movimientos en el mercado, incluso en momentos de máxima volatilidad. Una manera útil de ayudarse a aprender a tener paciencia es nunca centrarse en una sola inversión a la vez. Mantener sus opciones abiertas hace que sea más fácil poner cada una en perspectiva y evitar que alguien infle artificialmente su importancia en su mente.

Esto no quiere decir que las inversiones individuales deban ser tratadas con ligereza. Más bien, debe considerar cada una de ellas en una perspectiva que pueda tener en cuenta la totalidad de su objetivo. Además, esto significa que va a querer aceptar el hecho de que habrá algunos días en los que simplemente no habrá mucho que hacer.

Para ayudar a cultivar la mentalidad correcta, deberá establecer metas de ganancias mensuales o semanales en lugar de metas diarias. Establecer metas diarias probablemente hará que realice movimientos erráticos al final del día a medida que se esfuerza por alcanzar su meta. Incluso si termina haciendo la cantidad objetivo cada día para alcanzar su meta, es probable que al menos algunos de estos movimientos no hayan resistido el estricto nivel de escrutinio que requiere un buen plan. Lo que es peor, si termina viendo resultados basados en las operaciones mal pensadas, puede promover la formación de malos hábitos en el futuro.

Es importante centrarse en desarrollar el tipo de disciplina que le servirá a largo plazo lo antes posible en su carrera, ya que será menos probable que tenga grandes inversiones en la línea. Cuanto más tiempo pase sin ceder a sus impulsos, más fácil será ignorarlos por completo.

Establezca los objetivos correctos: Con todo lo anterior en mente, ahora es el momento de establecer los objetivos correctos para sus futuras inversiones.¿Qué es exactamente lo que desea lograr? ¿Por qué ha descargado este eBook? ¿Cuánto dinero quiere ganar cada semana o cada mes? Hay ciencia e historia en la fijación de objetivos. Aristóteles sugirió, hace más de 2,000 años, que los objetivos eran responsables de los cambios. No fue hasta que se completaron los estudios de principios de 1900 para mostrar cuán importantes eran los objetivos para la motivación de las personas.

La mejor manera de establecer objetivos útiles es a través de lo que se conoce como objetivos SMART. En pocas palabras, el sistema SMART postula que todos los objetivos deben ser alcanzables, específicos, medibles, relevantes y tienen un cronograma rígido que, por lo general, no se puede cambiar para garantizar que los objetivos que emprende valgan la pena, legítimamente, el esfuerzo que planea ejercer para hacerlos realidad.

El primer objetivo INTELIGENTE que establezca debe ser uno que sea al mismo tiempo lo suficientemente directo como para asegurarle más o menos su éxito y, al mismo tiempo, ser lo suficientemente relevante para su vida cotidiana, que en realidad este pueda ser un momento que pueda fácilmente recordar en el futuro cuando, por el contrario, el éxito en una meta futura no está tan asegurado.

- *Específicos:* los buenos objetivos son específicos, lo que significa que usted debe estar seguro de que el objetivo que elija es extremadamente claro, especialmente cuando está comenzando, ya que los objetivos que no están bien definidos son mucho más fáciles de evitar en favor de las actividades que brindan más estimulación positiva en un período de tiempo más corto. Tener en mente objetivos específicos le facilitará a usted seguir adelante y potenciar cualquier tarea que esté realizando actualmente.

  Específicamente, deberá considerar. ¿quién se involucrará con usted a la hora de completar la meta? ¿Qué es exactamente lo que se va a lograr? Dónde se llevará a cabo lo que sucederá y por qué es importante que se asegure de que se complete lo más rápido posible y qué tan exactamente puede esperar para hacerlo. Una vez que pueda responder a las cinco grandes preguntas, sabrá que tiene un objetivo que es lo suficientemente específico como para generar el tipo de resultados que está buscando.

- *Medible:* cuando los objetivos que elija sean medibles, le resultará claro cómo podrá saber si su campaña de marketing por correo electrónico ha sido un éxito rotundo o un fracaso absoluto. Además, debería poder dividir sus metas en piezas más manejables y luego también poder medir claramente cada pieza. Si lo hace, le será más fácil permanecer en el camino hacia el éxito.

- *Alcanzable:* los objetivos INTELIGENTES son aquellos que se pueden alcanzar dada una cantidad realista de esfuerzo. Cuando se trata de la ansiedad social, su objetivo no debe ser ponerse en una situación en la que un grupo grande se centrará exclusivamente en usted al principio, ya que eso es pedir demasiado de usted mismo. En cambio, una mejor opción sería establecer un objetivo, como tener una conversación con cinco extraños en una semana. Además de no elegir algo demasiado difícil, es importante que no se incline demasiado en la otra dirección y elija algo que pueda hacer sin ningún esfuerzo real. Las metas que son demasiado fáciles de alcanzar no harán nada para mejorar su ansiedad social en general.

- *Relevante:* es importante que el objetivo que elija sea relevante para su situación actual, además de ser algo que solo se puede lograr con un esfuerzo razonable. La relevancia es clave para convertir el sistema de objetivos SMART de una sola vez en un patrón y, finalmente, en un hábito de por vida en el que puede confiar para ayudarlo a enfrentar los desafíos de la vida sin importar cuáles sean.

Recuerde, estos objetivos iniciales deben ser lo más significativos posible para que pueda recordarlos con regularidad y fortificar las vías neuronales lo más rápido posible, y de ese modo se conviertan en la forma de actuar predeterminada de su cerebro.

- *Oportuno:* Un buen objetivo siempre tiene un límite firme sobre el tiempo que tardará en completarse. Este período de tiempo debe ser razonable, pero también debe ser lo suficientemente estricto para garantizar que no se afloje mientras lo completa.Una vez que se haya adaptado a un estilo de vida más disciplinado, puede permitirse ser un poco más vago en su planificación, pero hasta que eso ocurra , asegúrese de que todas sus metas tengan un comienzo firme y una fecha de finalización sugerida.

Capítulo 3: Análisis Fundamental

Para invertir con éxito en el mercado de valores, una de las cosas más importantes que deberá aprender es determinar una forma confiable para diferenciar una inversión potencialmente rentable de una que probablemente se esfumará o, lo que es peor, le costará dinero.

El análisis fundamental es utilizado con más frecuencia por los nuevos inversores, mientras que el análisis técnico ha experimentado algo de renacimiento en popularidad en la última década. Si bien ambos son útiles cuando se trata de encontrar la información que está buscando, se debe tratar de determinar qué tipo de información es de diferentes maneras. El análisis fundamental se ocupa principalmente de analizar el panorama general, lo que a menudo significa que llevará más tiempo que su contraparte.

Además, su información proviene de fuentes externas, lo que significa que es posible que deba esperar a que haya más información disponible, aunque normalmente resultará más fácil de digerir que la información requerida para utilizar el análisis técnico de manera efectiva. En términos generales, el análisis fundamental le facilita vislumbrar el futuro probable del mercado basado en una amplia variedad de variables diferentes.El objetivo final es rastrear suficiente información para permitirle encontrar valores subvaluados a los que el mercado no se ha adaptado

Cada mercado atraviesa regularmente 6 fases distintas, la primera de las cuales es la fase de auge que se puede identificar a través de una baja volatilidad y grandes cantidades de liquidez. En el extremo opuesto del espectro se encuentra la fase de busto que se puede identificar por el opuesto, principalmente cantidades bajas de liquidez y altas cantidades de volatilidad. Las otras fases son post-busto y pre-busto y post-boom y pre-boom, lo que significa que una de las fases principales está en su camino hacia adentro o hacia afuera. Determinar la fase adecuada es crucial cuando se trata de asegurarse de estar en el camino correcto cuando se trata de encontrar una inversión que probablemente sea rentable a largo plazo.

Comprenda su fuerza comercial relativa: si encuentra una inversión potencial que se encuentra actualmente en medio de una fase de auge, la fortaleza general que muestran sus fundamentos determinará la probabilidad de que aquellos que la poseen puedan mantener o vender. Lo que esto significa es que cuando una inversión determinada se encuentra en la primera parte de la fase de auge, podrá encontrar fácilmente un mercado fuerte para ella. Si bien todos estos factores son importantes, como regla general, una tasa de interés fuerte siempre triunfará sobre los fundamentales parciales.

Tenga cuidado con la confianza del mercado: si bien la determinación de detalles en acciones subvaluadas es útil la mayor parte del tiempo, a veces el mercado simplemente no se comporta de la forma en que realmente debería. En estos casos, es el sentimiento del mercado el que ha secuestrado el precio de las acciones en cuestión y aprender a mantenerse atento a su influencia le garantiza salvarlo de algunas operaciones que no son rentables a largo plazo.

Sin embargo, como muchas otras cosas en el mercado de valores, es más fácil decirlo que hacerlo, por lo que es mejor tomar en serio las siguientes sugerencias relacionadas con la lectura del sentimiento del mercado por si alguna vez desea tener una idea clara de qué tan fuerte es el impulso con respecto a una acción dada.

Todos y cada uno de los movimientos que realiza una acción se basan en última instancia en una tendencia que comenzó a acumular horas, si no días antes. Por lo tanto, si pasa tiempo con el gráfico de 15 o 60 minutos, es posible que se encuentre avanzando accidentalmente en función de una tendencia mayor que finalmente acabará moviéndose en la dirección opuesta. Como tal, para evitar tales errores, querrá comenzar por identificar la tendencia en el gráfico diario y luego trabajar hacia adentro desde allí hasta llegar al gráfico objetivo. Esto le permitirá determinar más fácilmente la amplitud de un gráfico dado y también evitar el comercio basado en el movimiento anterior.

Análisis cualitativo y cuantitativo

El análisis fundamental es en realidad un término general para dos tipos diferentes de análisis, cuantitativo y cualitativo. Los factores cuantitativos incluyen cosas como las declaraciones de impuestos y los registros contables, mientras que los factores cualitativos incluyen la calidad de la visión que tiene el equipo de liderazgo de una empresa o el reconocimiento de su nombre entre su público objetivo.

Por ejemplo, si estuviera buscando en la Compañía Coca-Cola, podría observar otra compañía de bebidas carbonatadas hasta que reconozca su marca mundial, lo que coloca a la compañía en un nivel de élite que pocos pueden igualar. Puede ser difícil valorar este nivel de reconocimiento de marca con un monto en dólares a pesar, de que obviamente, es uno de los factores más importantes del éxito de la compañía.

Factores cualitativos a tener en cuenta.

- Modelo de negocio: cuando encuentre una empresa que se siente bien invirtiendo, lo primero que tendrá que hacer es mirar su modelo de negocio, que es esencialmente una generalización de las formas en que gana su dinero. En general, puede encontrar el modelo de negocios de una compañía en el sitio web de su compañía o en su última presentación de 10-K.

- Ventaja competitiva: la siguiente faceta de la compañía que deberá considerar es el tipo de ventajas que la compañía tiene sobre su competencia directa. Los tipos de empresas en las que deberá invertir son aquellas que tienen una ventaja directa sobre su competencia, ya que esto les permitirá tener éxito a largo plazo. Esta ventaja a menudo se materializa como posicionamiento estratégico o efectividad operativa. La efectividad operativa es el término que se da a la práctica de hacer las mismas cosas que la competencia, solo de una manera más efectiva o eficiente. El posicionamiento estratégico es la práctica de una empresa que demuestra que hace algo que nadie más en su nicho está haciendo.

- Liderazgo: la calidad de la administración que actualmente está a cargo de la empresa está destinada a recorrer un largo camino para determinar si va a ser una buena inversión a largo plazo. Esto se debe al hecho de que no importa qué tan bien pensado esté un negocio, si una empresa no tiene la infraestructura para soportarlo a largo plazo, en última instancia, está condenada al fracaso. Cuando se encuentre analizando la infraestructura de una empresa, lo primero que deberá hacer es mirar la sección de su sitio web dedicada a la información corporativa.

Si bien esto no hará nada más que darle los nombres de las personas en la cima, esto debería ser suficiente para brindarle los detalles que necesita para investigar un poco. Suponiendo que los principales miembros del sector existan por un buen tiempo, solo debería realizar una búsqueda básica en Internet para determinar si tienen un historial de dejar a las empresas por buscar nuevos desafíos o porque no quedó nada de sus antiguos lugares de empleo.

Documentos cuantitativos que conocer:

- Balance general: el balance general de una empresa proporciona un registro completo de todos los pasivos, activos y patrimonio de la empresa durante un período de tiempo determinado. Un balance general también muestra la estructura financiera de la compañía al dividir su patrimonio en una combinación de pasivos y accionistas, y el resultado final es una idea general de sus activos actuales.

Estos activos representarán los recursos que la compañía está usando en un momento determinado. A menudo también incluirá cosas como maquinaria, edificios, dinero en efectivo, inventario y similares. También es útil en el hecho de que muestra el valor total de todo el financiamiento que se pudo haber utilizado para generar esos activos en primer lugar.

La financiación a menudo proviene de pasivos o patrimonio. Los pasivos tienden a incluir deudas que eventualmente deberán pagarse, y el capital representa la cantidad de dinero que los propietarios han invertido en el negocio. Esto a menudo incluye ganancias de años calendario anteriores que se computan como ganancias retenidas.

- Estado de resultados: si el balance general es una descripción general de los fundamentos económicos de una empresa, el estado de resultados es una descripción general del desempeño de la empresa durante un período de tiempo determinado. No hay una cantidad fija de tiempo que deba cubrir un estado de resultados, lo que significa que debe tener especial cuidado para comprender lo que está mirando para evitar tomar decisiones erróneas por accidente. Las declaraciones de resultados incluyen detalles sobre ingresos, gastos, o estimación de ganancias para un período de tiempo determinado.

- Estado de flujo de efectivo: El estado de flujo de efectivo con frecuencia muestra toda la salida de efectivo de la compañía durante un período de tiempo determinado. El estado de flujo de efectivo a menudo se enfoca en el flujo de efectivo operativo, que es el efectivo que se generará por las operaciones comerciales diarias.También incluirá cualquier efectivo que esté disponible para invertir, que a menudo se usa como un medio para invertir en activos junto con cualquier efectivo que pueda haber sido generado por las ventas de activos a largo plazo o la venta de un negocio secundario que la empresa poseía anteriormente. El efectivo debido al financiamiento es otro nombre para el dinero que se paga o se recibe en función de la emisión o el préstamo de fondos.

Los estados de flujo de efectivo son bastante importantes ya que a menudo es más difícil para las empresas manipularlo en comparación con muchos otros tipos de documentos financieros. Si bien los contadores pueden manipular las ganancias con facilidad, es mucho más difícil fingir tener acceso al efectivo en el banco donde no existe realmente. Esta es la razón por la que muchos inversores expertos consideran que el estado de flujo de efectivo es la forma más confiable de medir el desempeño de una compañía específica.

Ubicando los detalles

Para ubicar los estados financieros que está buscando, es importante comprender que la Comisión de Seguridad de Valores (SEC) aprobó una ley que exigía que todas las empresas que cotizan en bolsa confieran presentaciones periódicas en las que se detalla todo lo que podría desear saber, incluso los estados financieros que busca. Otra información que se requiere para estas presentaciones incluye la discusión y el análisis de la gerencia, los informes de los auditores y un examen detallado de las perspectivas y operaciones para el próximo año.

Estos y más detalles se pueden encontrar en las presentaciones 10-K de cada compañía pública que se deben realizar anualmente, junto con sus presentaciones 10-Q que deben realizarse trimestralmente. Los detalles de estos dos documentos se pueden encontrar en línea o en forma física. Si asume que busca ubicar los detalles en línea, deberá comenzar con la sección del sitio web corporativo que detalla las relaciones con los inversores, ya que estos archivos generalmente se almacenan allí. Sin embargo, es posible que la versión de estos documentos de la empresa no esté exenta de giro de marketing, lo que significa que deberá ver la versión sin filtrar desde el sitio web de la SEC.

Los informes de la SEC se recopilan en el sistema de recopilación, análisis y recuperación de datos electrónicos, más conocido como EDGAR. EDGAR se creó durante la era en la que era novedoso llamar a programas con nombres humanos, lo que significa que, si bien es cierto que automatiza el proceso de validación, recopilación, indexación, aceptación y reenvío de presentaciones, puede hacer tambien un poco de curva de aprendizaje para hacer ello.

10-K: La presentación anual de 10-K que cada empresa debe compilar describe su desempeño del año anterior. Sin embargo, más allá de la simple inclusión de los estados financieros, este documento también le dará acceso a las medidas financieras históricas e información adicional que facilita la comprensión de las operaciones actuales del negocio. Esto también incluirá aspectos como los futuros planes de crecimiento, las biografías de la alta gerencia, los futuros posibles riesgos que la compañía puede enfrentar y detalles más genéricos, como el número total de empleados que la empresa tiene actualmente.

Cuando se busca el 10-K de la compañía, es importante tener en cuenta que el informe anual que se publica para la compañía a veces es considerado en el mismo modo, aunque este no sea el caso. El informe anual es el 10-K de la compañía después de que el equipo de marketing ha terminado con él, lo que significa que casi siempre tendrá algún tipo de giro positivo adjunto, independientemente de cómo se lean realmente los hechos. Si usted siente que al documento que está mirando le falta algo, entonces las probabilidades son buenas, ya que está mirando el informe anual.

Además, deberá tener en cuenta que cuando se siente a leer el 10-K real, debe estar preparado para analizar muchos números. El 10-K es muy seco para leer, por lo que el equipo de mercadeo puede hacer que diga lo que quiera en el informe anual, la mayoría de la gente nunca buscará la verdad. Sin embargo, es importante perseverar ya que este es el lugar para comenzar cuando se trata de garantizar que una inversión potencial sea lo más confiable posible.

10-Q: La presentación del 10-Q es más o menos una versión más concisa del 10-K que profundiza en los detalles fiscales de los tres meses anteriores. Debería poder rastrear tres diferentes 10-Q cada año de cualquier compañía, ya que el cuarto se absorbe en el 10-K anual.

Capítulo 4: Análisis Técnico

El análisis técnico, es para usted, si disfruta de la idea de determinar el rendimiento futuro probable basado en movimientos de precios anteriores sin tener que revisar todo el papeleo asociado con el análisis fundamental. Si bien el pasado nunca podrá predecir completamente el futuro con una claridad perfecta cuando se combina con una comprensión de la mentalidad del mercado, puede ser una forma efectiva de generar predicciones precisas, siempre y cuando comprenda sus deficiencias.

El análisis técnico es más que un simple medio para determinar el valor intrínseco que posee una acción en la actualidad, es una herramienta para encontrar patrones que pueden afectar a todo el mercado y actuar sobre ellos de una manera lo suficientemente rápida como para que pueda obtener ganancias en el proceso. Para funcionar correctamente, el análisis técnico sostiene que tres cosas siempre son ciertas. En primer lugar, los precios siempre se moverán de la manera que predicen las tendencias. En segundo lugar, el mercado finalmente descontará todo. En tercer lugar, la historia siempre se va a repetir, aunque podría tomar su tiempo para hacerlo.

El mercado eventualmente lo descontará todo: mientras aquellos que aún no han visto la luz pueden pensar que los analistas técnicos solo se enfocan en el precio de una acción dada y nada más, la verdad es que solo se enfocan en el precio porque creen que el mercado ya ha tomado en cuenta todo lo demás de antemano. Como tal, no hay necesidad de mirar nada más, ya que el precio actual es un reflejo de todo lo que ha sucedido hasta ese momento.

Los precios se mueven según las tendencias: una vez que haya determinado una tendencia, aparentemente en relación con el rendimiento pasado de un stock determinado, el análisis técnico indicará que es mucho más probable que pueda relacionarlo con tendencias similares que se desarrollarán en el futuro. Las estrategias técnicas más efectivas para el comercio siempre asumen que las tendencias futuras se basan en las anteriores.

La historia siempre se repetirá: si el análisis técnico se basa en las tendencias, entonces la lógica dirá que los precios de las acciones también se repetirán, eventualmente. El análisis técnico cree que aquellos que interactúan con el mercado son propensos al mismo tipo de respuestas cuando el mercado responde de ciertas maneras. Teniendo esto en cuenta, es fácil reunir datos sobre tendencias pasadas y observar cómo responde el mercado de la forma en que lo hizo en el pasado, ya que las personas reaccionan de la misma manera una y otra vez.

Tendencia o rango: cuando se trata de usar el análisis técnico con éxito, usted deberá determinar desde el principio si está más interesado en el comercio basado en las tendencias que encuentra o en el rango. Si bien ambas son propiedades relacionadas con el precio, estos dos conceptos son muy diferentes en la práctica, lo que significa que usted querrá elegir uno para enfatizarlo sobre el otro. Si decide negociar de acuerdo con la tendencia, entonces está más interesado en ir con el flujo y elegir las acciones para negociar, mientras que todos los demás tienen la misma idea.

Su objetivo en este caso es determinar qué tendencias se van a manifestar en el futuro para que tenga el mayor tiempo posible de aprovecharlas al máximo. Si está interesado en probar este tipo de operaciones, querrá realizar operaciones más pequeñas que el promedio, ya que puede ser arriesgado, por que nunca se sabe cuándo una tendencia no se materializará de la forma en que podría haber esperado anteriormente. El comercio a través de la tendencia es una buena opción para aquellos que prefieren operaciones de alto riesgo y alta recompensa.

Si bien las tendencias fuertes hablan por sí mismas, es importante tener cuidado con las tendencias débiles, ya que puede ser fácil confundir el movimiento aleatorio del mercado con una tendencia débil que no existe. Esto es más difícil de lo que parece inicialmente, ya que se sabe que los precios de divisas se agrupan de forma sospechosa o se mueven erráticamente de una manera que las tendencias típicamente no lo hacen. Para minimizar la posibilidad de identificar erróneamente una tendencia, lo mejor es centrarse en identificar los máximos más altos junto con los mínimos más bajos y descontar los puntos de datos en el medio. Recuerde, cada punto de dato no necesita alinearse perfectamente para probar la existencia de una tendencia específica cuando se trata de la mayoría de reglas de análisis técnico.

Las tendencias positivas, también conocidas como tendencias al alza, y las tendencias negativas, también conocidas como reversiones, no son los únicos tipos de tendencias que se deben tener en cuenta. También existen tendencias horizontales y son la definición de en medio de la carretera. Específicamente, se dice que una tendencia es horizontal cuando todos los movimientos que realiza se niegan gracias a una serie de movimientos opuestos e iguales en la otra dirección.

Las tendencias pueden ser de cualquier longitud y cuanto más larga sea una tendencia, más fuerte será. Si se encuentra con una tendencia que parece reducirse en breve tiempo, es importante observar el movimiento subyacente de los precios durante un período de tiempo mayor para asegurarse de que no se está perdiendo el bosque por los árboles. La mejor manera de asegurarse de que ha determinado con precisión el tipo de tendencia que está viendo es convertir en un hábito consultar gráficos que cubran períodos de tiempo cortos y largos.

Resistencia y soporte: comprender los entresijos del soporte y la resistencia es una parte clave para lograr el éxito del análisis técnico. Afortunadamente, si bien pueden parecer complejos al principio, serán cada vez más claros conforme los utilice, mejorando sus habilidades y sus posibilidades de éxito, a medida que lo haga. En su forma más básica, la resistencia se puede considerar como el techo del precio de un activo subyacente en particular, lo que significa que es muy probable que el precio no se mueva más allá de ese punto a menos que esté siguiendo una tendencia extremadamente larga. Del mismo modo, el soporte se describe mejor como la base en el precio del activo subyacente en cuestión, que el precio no va a caer mucho más en la mayoría de las situaciones

Si bien no es raro que las bases y el techo cambien regularmente, comprender cómo prepararse para estas líneas es lo que separa a los nuevos operadores de aquellos que han logrado mantenerse en el mercado por un período prolongado de tiempo. Específicamente, lo que estos operadores avanzados han hecho es aprender a leer las líneas de tendencia, que indican el movimiento que va a emprender el mercado. Cuando el mercado tiene una tendencia al alza, entonces se forman nuevos niveles de resistencia en los puntos donde el movimiento del precio comienza a desacelerarse antes de que comience a hundirse en la línea de tendencia. Esto suele ocurrir a medida que aumenta la incertidumbre en un mercado dado que, a su vez, crea un máximo a corto plazo que es una meseta de precios que sobresale en el patrón general.

También querrá comenzar a prestar más atención a los precios individuales de los activos subyacentes que favorece, ya que cuando comienza a llegar al punto en que se amplía la línea de tendencia, este es probablemente el punto en el que se recuperará una vez más. Tenga en cuenta que en situaciones como esta, la línea de tendencia brindará soporte a un activo subyacente específico durante un período de tiempo variable, lo que significa que cambiará muy poco durante este tiempo.

Tablas de precios

El análisis técnico tiene que ver con el gráfico de precios, que es un gráfico con un eje x y otro y. El precio se mide a lo largo del eje vertical y el tiempo se mide a través del eje horizontal. Hay numerosos tipos de gráficos de diferentes precios que prefieren los diferentes tipos de comerciantes, entre los que se incluyen el gráfico de puntos y figuras, el gráfico de Renko, el gráfico de Kagi, el gráfico de Heikin-Ashi, el gráfico de barras, el gráfico de velas, el gráfico de líneas y el gráfico de puntos. Sin embargo, de los que deberá preocuparse al principio se incluirán en cualquier software de la plataforma de compraventa de divisas y son el gráfico de barras, el gráfico de velas, el gráfico de líneas y el gráfico de apuntar y hacer clic que se explicarán en mayor detalle a continuación.

Gráfico de líneas: de todos los diversos tipos de gráficos, los gráficos de líneas son los más sencillos, ya que solo presentan la información en forma de precios de cierre en un período de tiempo fijo. Las líneas que le dan su nombre se crean cuando los distintos puntos de precio de cierre se conectan con una línea. Al mirar un gráfico de líneas, es importante tener en cuenta que no podrán proporcionar una representación visual precisa del rango que alcanzaron los puntos individuales, lo que significa que no podrá ver los precios de apertura ni los que eran altos o bajo antes de cerrar. En cualquier caso, el punto de cierre es importante de tener en cuenta siempre, por lo que los comerciantes técnicos de todos los niveles de habilidad hacen referencia a esta tabla.

Gráfico de barras: un gráfico de barras expone los detalles proporcionados por un gráfico de líneas al proporcionar un mayor grado de detalle con respecto a los detalles del día. La parte superior e inferior de la barra representan el máximo y el mínimo del día, mientras que el precio al cierre se indica en el lado de la barra con la ayuda de un guión práctico. El tablero del lado izquierdo de la barra muestra el precio inicial y si la acción aumentó en valor para el final del día, entonces la barra será negra mientras que será roja o clara si el precio disminuyó a lo largo del día.

Gráfico de puntos y figuras: si bien se usa menos hoy que en el pasado, el gráfico de puntos y figuras muestra el movimiento del precio sin centrarse en el tiempo o el volumen. Esto lo hace útil para los comerciantes que están interesados en analizar el movimiento de los precios sin todo el ruido que generalmente proporciona el mercado. Si tiene miedo de que haya alguna otra métrica que esté sesgando sus datos, un gráfico de puntos y figuras puede ayudarlo a determinar la causa. El gráfico de puntos y figuras usa líneas compuestas de Xs y Os. Xs, indica movimiento positivo mientras que Os indica movimiento negativo. Esta tabla es la más fluida de las opciones utilizadas comúnmente porque también le permite agregar sus propias variables adicionales.

Gráfico de velas: esta forma de análisis técnico funciona al buscar ciertos patrones entre lo abierto y lo cerrado, así como lo bajo y lo alto para una seguridad específica durante un período de tiempo variable. Cuando estos puntos de datos presentan un patrón notable, les permite a los especuladores vender o comprar divisas basándose en suposiciones que se pueden hacer sobre cada patrón.

Un candelabro se puede dividir en dos partes, una línea vertical que muestra el rango de operaciones que se realizó en un período determinado y una barra conectada a la línea vertical que muestra la diferencia definitiva entre dónde comenzó la moneda en un día y dónde terminó. La parte ancha se conoce como el cuerpo real , si el cuerpo real está coloreado, entonces puede asumir que la diferencia fue negativa, mientras que un cuerpo real que es solo un contorno indica una diferencia positiva para el final día.

La línea vertical se denomina sombra del cuerpo real. Si la sombra sobre la vela es corta mientras el cuerpo real está coloreado, entonces el precio de inicio del día estuvo cerca del máximo del día. Si la sombra es corta en un día donde el cuerpo real es solo un esquema, entonces el precio al cierre del mercado estuvo cerca del máximo del día.

En lo que se conoce como la formación de inicio matutino, eche un vistazo a las velas de tres días para una moneda única. La primera vela en esta formación debe ser definitivamente negativa e indicar pérdidas garantizadas. La segunda debe comenzar cerca del final de la primera vela, estar contenida en un rango estrecho y contener una altura superior a la mitad de la vela inicial. La vela final debe ser completamente positiva con un cierre por encima de la mitad de la vela inicial. Esta formación indicará una fuerte inversión en una tendencia descendente de larga data. Esto significa que el precio no debe caer por debajo de los mínimos de los documentos y es probable que pronto se revierta la fortuna.

Capítulo 5: Estrategias Iniciales

Operar con las noticias: como se comentó anteriormente, los anuncios de noticias de todo tipo tienen el potencial de causar un movimiento serio en todo el mercado de valores y, dependiendo de la cantidad de interés que reciban, pueden ser el comienzo de las principales tendencias. Como tal, si está lo suficientemente bien informado, puede obtener una ventaja en aprovechar el movimiento del mercado, mientras que todos los demás todavía están tratando de averiguar qué es exactamente lo que acaba de suceder. Es importante tener en cuenta que será difícil saber con certeza qué anuncios causarán esos resultados, razón por la cual es importante negociar con cuidado cuando se trata de anuncios de noticias.

Si nunca ha negociado en medio de uno de estos tipos de eventos, o si no se siente cómodo reduciendo el riesgo existente, entonces no hay ninguna vergüenza en evitar este tipo de negociación por algo un poco más confiable. Recuerde, es mejor estar seguro que perder más de lo que realmente puede permitirse de su capital comercial.

La estrategia de la catapulta busca capitalizar la incertidumbre inherente que rodea a cualquier tipo de anuncio importante al ingresar con una posición sólida basada en lo que cree que será el resultado. Luego, cuando se rompe la noticia, puede impulsar su comercio en un territorio rentable tan a fondo como sea posible. La catapulta busca escalar las posiciones ganadoras a medida que el comercio se mueve a favor del comerciante, y puede usar una variedad de entradas o estrategias de entrada para activar la posición inicial.

Sin embargo, en este caso, identificar los puntos importantes de resistencia y apoyo es clave antes de tomar estas posiciones, y los traders con experiencia querrán llevar las cosas un paso más allá al mirar los gráficos de cuatro horas o de una hora como un medio para determinar tendencias que tienen el potencial de ser fortalecidas una vez que se haga el anuncio. De esta manera, puede estar seguro de cubrir sus bases y estar listo con las operaciones apropiadas para asegurarse de que, sea lo que sea, está en la vista correcta de la tendencia.

Promediado: Promediar o promediar a la baja le permite comprar acciones a un precio de ganga. Otra ventaja de usar esta estrategia es que le puede dar una gran cantidad de ganancias. La mejor manera de ilustrar esto es con un ejemplo: Digamos que la compañía A vende sus acciones por $15 por acción y ve que el precio de sus acciones probablemente aumentará en el futuro, luego realiza una orden de compra al precio actual de $15 por acción.

Si el precio disminuye a $ 14 por acción, entonces usted realiza otra orden de compra a dicha tasa de $14 por acción. Si el precio vuelve a bajar, digamos que a $13, luego hace otra orden de compra. En pocas palabras, usted hace una orden de compra cada vez que el precio de las acciones disminuye. Entonces, ¿cómo se beneficia con esta estrategia? La clave para obtener ganancias es cuando el precio de las acciones sube a su cantidad original o superior. Ya que comprar las acciones cada vez que el precio disminuye, es como comprarlas cada vez a una ganga. Entonces, imagínese cuánto beneficio ganará cuando el precio finalmente suba como lo ha predicho.

La parte crítica de esta estrategia es identificar las acciones correctas en las que invierte. Debe asegurarse de que el precio aumentará dentro de un período determinado, ya que comprará las acciones a medida que disminuyen. Si el precio no sube en el futuro, es probable que enfrente una pérdida significativa. Aunque esta estrategia parece muy práctica y efectiva, en realidad es una estrategia agresiva, así que tenga cuidado cuando la usa, ya que puede agotar sus fondos rápidamente.

Rango de apertura: el mercado le presentará diferentes desafíos cada día en forma de diferentes tendencias y oportunidades potenciales. A pesar de que el movimiento parece funcionar en patrones completamente aleatorios, siempre hay formas de decir sus verdaderas intenciones, si ha descubierto dónde mirar, en cuanto a la dirección que es más probable que tome. El enfoque de rango de apertura es uno que los profesionales han estado utilizando durante décadas como una forma de comenzar con una idea de los estados de ánimo del mercado para hacer que cualquier posible beneficio futuro sea aún más fácil de alcanzar.

Cuando utilice el rango de apertura como punto de partida, puede ubicar la verdad del mercado actual que indicará si los osos o los toros estarán a cargo del día. Para poder usarlo de manera efectiva, es importante entender que los niveles alto y bajo de rango de apertura serán de importancia crítica cuando se trata de niveles de resistencia y soporte durante todo el día. Comprender este hecho le permitirá anticipar los niveles en los que es más probable que el mercado se acelere o retroceda y lo conduzca a grandes movimientos a largo plazo.

Para usar el rango de apertura como un medio para anticipar los movimientos del mercado para el día, considere las siguientes reglas:

1. Comience por establecer el rango de apertura de 30 minutos, tanto bajo como alto. Después de

este período, es importante permanecer neutral mientras el mercado permanezca en el rango anticipado. Con la práctica, podrá determinar si este rango de apertura es bajista o alcista.

2. Tendrá que esperar a que la tendencia comience a mostrar su mano cuando rompa el rango de apertura actual. Si el movimiento tiene éxito, puede asumir que se está construyendo un día de tendencia. Como ejemplo, si las cosas funcionan de tal manera que el mercado termine por debajo del rango de apertura bajo, entonces tendrá que considerarlo un día de tendencia bajista a menos que las cosas se recuperen y alcancen un punto en el que estén por debajo del nilvel del rango de apertura inferior.

Trading de tortugas: a fines de la década de 1900, un par de comerciantes de productos básicos desarrollaron el enfoque de "trading de tortugas" para la inversiones. El Trading de Tortugas es un tipo de enfoque orientado a la tendencia que vigila el mercado e identifica "desgloses" y "tendencias bajistas". Este no es un enfoque irrazonable. No tiene que ser un experto en mercado para saber que los mercados suben y bajan, al igual que las acciones, bonos, materias primas y casi cualquier otro vehículo de inversión.

El primer bit de información que necesita es calcular la volatilidad de la inversión. Los inventores del programa utilizaron la letra N para representar este número. También puede ver la abreviatura ATR para "Promedio de rango verdadero". Este es un término equivalente. Calcularon esto calculando el promedio móvil exponencial de 20 días del "Rango Real" de la potencial inversión.

Debe planear usar un programa de hoja de cálculo para calcular y registrar los números que encuentre al encontrar la información que necesita.

Para obtener el valor del rango real de un día, calcule:

Máximo (HL, H-PDC, PDC-L)

H = Corriente alta

L = Corriente baja

PDC = Cierre del día anterior

También necesitará:

PDN = N del día anterior

TR = verdadero rango del día actual

Una vez que tenga esos números, calcúlelos de la siguiente manera: $(19 \times PDN + TR) / 20 = N$

Ya que no puede calcular N sin tener ya una N para el día anterior, cree un promedio simple de 20 días para el rango verdadero y conéctelo para su primer PDN.

Una vez que tenga esa información, es hora de calcular el Ajuste de la volatilidad del dólar. Este es un cálculo más simple:

Volatilidad del dólar = N x Dólares por punto

Los traders tortuga usa el término "Unidades" para describir el tamaño de una inversión. El número de unidades para una inversión se calcula de la siguiente manera:

Unidad = 1% de Cuenta / N x Dólares por Punto

El punto en dólares por punto se refiere al tamaño del contrato expresado en dólares. Entonces, si estuviera considerando un contrato para 40,000 bushels de trigo, equivaldría a 20,000 puntos.

La cifra del 1% no está cincelada en piedra. Puede modificarla dependiendo de lo agresivo que sea o de cómo se sienta con respecto a su cartera.

Digamos que tiene una cartera de $500,000 para trabajar y N = .0141. La fórmula funcionaría de la siguiente manera:

Unidad = $ 5,000 / .0141 x 20,000

Esto da como resultado una cifra de 17.73. Usted compraría 17 contratos.

MACD (divergencia de convergencia de media móvil): cuando se trata de confirmar una tendencia que usted ha notado, MACD es la elección de los traders profesionales en todo el mundo. Cuando se utiliza correctamente, mide la diferencia de dos promedios que ya se han suavizado para minimizar el ruido aleatorio. Si este promedio termina siendo mayor que el promedio móvil, entonces la tendencia es positiva, mientras que si es menor, la tendencia es negativa. El valor del indicador MACD será 0 en el punto donde se intersecan los promedios. La dirección en la que se cruzan debe corresponderse con la tendencia que descubra.

Para utilizar MACD correctamente, primero debe determinar un promedio móvil más largo y más corto. Una vez hecho esto, MACD funciona teniendo en cuenta el valor restante restando el más largo del más corto antes de trazar los resultados entre 12 y 26 días. Si los dos promedios se alinean con el más corto por encima del más largo, entonces sabrá que el impulso está aumentando, mientras que lo contrario también es cierto. Esta situación muestra que debe suspender cualquier operación, ya que es probable que la situación mejore más pronto que tarde.

Al trazar el MACD, también querrá trazar un promedio móvil al mismo tiempo, ya que esto le ayudará a comprender cuándo es probable que cambie el impulso. El trazado del promedio móvil del MACD se conoce como la línea de señal y es una opción en la mayoría de las plataformas comerciales. Cuando la línea MACD se cruza en un punto por encima de la línea de señal, la tendencia es alcista y si se cruza por debajo, es bajista. Si los resultados son optimistas, este es un fuerte indicador de que la tendencia pronto se revertirá.

Si bien esta herramienta puede ser útil si tiene curiosidad acerca de la dirección a corto plazo en que se moverán los activos subyacentes que lo favorecen, también tiene sus limitaciones. Específicamente, puede generar señales mixtas si el mercado está en un estado de alta volatilidad, ya que numerosos movimientos pequeños tienden a generar señales falsas.

Estrategia básica de la banda de Bollinger: la estrategia básica de escalado de la banda de Bollinger se basa en un par de bandas de Bollinger que rodean una media móvil exponencial. Puede usarse con éxito con cualquier par de divisas y con cualquier período de tiempo, aunque es más efectivo en los marcos de tiempo de tres y cinco minutos. Para esta estrategia, querrá utilizar la configuración de banda de Bollinger estándar, que incluye 20 períodos predeterminados y una desviación estándar de dos, así como la segunda banda con 21 períodos ligeramente más altos que el promedio y una desviación estándar de tres.

El objetivo, entonces, es señalar un período en el que los precios toquen un punto que se encuentre entre el par de desviaciones estándar. Una vez que esto ocurra, deberá usar un promedio móvil que se establece en 200 como la pauta que le permitirá monitorear la tendencia a medida que cambia con el tiempo. Si el precio sube por encima de este punto, entonces podrá beneficiarse de las posiciones largas que pueda tomar, mientras que si cae por debajo de este punto, las posiciones cortas serán rentables en varios grados. Si se forma una vela dentro de las desviaciones, entonces es probable que la tendencia continúe, mientras que si se forma afuera, es probable que ocurra lo contrario.

Si se cumplen las condiciones anteriores, entonces sabe que puede abrir una negociación de forma segura al comienzo de la próxima vela que se forme, mientras que solo se abre a un riesgo adicional mínimo. A continuación, deberá asegurarse de colocar un stop loss de manera adecuada según la tendencia que esté siguiendo. También deberá establecer un objetivo en el promedio del par de bandas de Bollinger con un segundo objetivo establecido en la línea superior o inferior, según el tipo de operación que esté considerando.

Dogs of the Dow: esta estrategia gira en torno a la simple elección de una de las 10 principales empresas que actualmente se encuentran en la cima del Dow Jones Industrial Average en función del rendimiento de dividendos general. El Dow Jones Industrial Average (DJIA) es un promedio ponderado de los precios de las 30 acciones más significativas que se negocian actualmente en la Bolsa de Nueva York y se creó por primera vez en 1896. El DJIA es uno de los índices más influyentes del mundo y actualmente incluye compañías como Exxon Mobil, Disney y General Electric, por nombrar algunas.

La estrategia de Dogs of the Dow es extremadamente simple y devolverá un rendimiento extremadamente predecible basado en la cantidad que invierte con muy poco riesgo de pérdida en cualquier parte del proceso. Todo lo que necesita hacer para comenzar es asignar la cantidad que tiene disponible para invertir en una combinación de las 10 principales empresas de la lista, antes de barajar sus tenencias según sea necesario. Las compañías en el DJIA son históricamente estables en comparación con el mercado de valores en su conjunto y son, estadísticamente hablando, las que tienen más probabilidades de resistir cualquier caída en el mercado relativamente bien, independientemente de lo grave que sea la caída.

También hay algunas variaciones en esta práctica estándar que son también especialmente efectivas.Una de ellas es la estrategia Dow 5 en la que los usuarios compran las cinco acciones más bajas en la lista de Dogs of the Dow antes de invertir en estas 5 acciones por igual. También está el Dow 4, que toma las 4 primeras entradas en la lista del Dow 5 y luego invierte de manera equitativa en cada una de ellas. Por otro lado, el Foolish 4 toma las mismas acciones que el Dow 4, excepto que sus usuarios ponen el 20 por ciento del capital de inversión disponible en las 3 opciones principales del Dow 5 y luego colocan el 40 por ciento restante en el más bajo de los 5.

CAN SLIM

La estrategia CAN SLIM es una estrategia involucrada que, sin embargo, es ideal para principiantes que buscan una forma confiable de seleccionar, comprar y vender acciones comunes. La razón por la que tantos novatos aprecian esta estrategia es que tiene un enfoque que es una mezcla de hechos tangibles sobre la compañía junto con los intangibles que ponen en duda la solidez de la compañía. El método CAN SLIM se ha demostrado una y otra vez, ya que numerosas compañías que han cumplido previamente con el estándar CAN SLIM han continuado para ver cómo sus precios de acciones individuales aumentan drásticamente.

Ganancias: Lo primero a lo que usted querrá prestar atención es a las ganancias más recientes de la compañía. Esto significa que querrá quedarse con las compañías que tienen ganancias por acción durante el último trimestre que han aumentado notablemente en comparación con el mismo periodo del año anterior.El porcentaje de crecimiento más bajo que es aceptable con esta estrategia es 18 por ciento, aunque se prefiere 20 por ciento o más. Este indicador ha sido una forma confiable de obtener rendimientos positivos, ya que entre 1953 y 1993, el 70 por ciento de las compañías que vieron este tipo de aumento de precios experimentaron importantes mejoras en los siguientes meses. Sin embargo, si está buscando invertir en lo mejor de lo mejor, entonces querrá encontrar compañías que hayan mejorado un 50 por ciento o más en el mismo periodo del año anterior.

La mejor manera de asegurarse de que las ganancias que está viendo son precisas es determinar la diferencia entre las cifras de ganancias disponibles de alta y baja calidad. Esto se debe al hecho de que los números que se presentan al público suelen estar encalados de alguna manera, incluso si no sucede nada extraño. Como tal, depende de usted como un inversionista astuto profundizar y sacar este tipo de conclusiones por sí mismo.

Ganancias anuales: más allá de una perspectiva de ganancias positiva para el trimestre, también es importante que las compañías en las que invierta muestren un crecimiento confiable año tras año. Especialmente, deberá ver un crecimiento de al menos el 25 por ciento durante los últimos cinco años para esperar resultados confiables en el futuro.

Grandes cambios: a partir de ahí, querrá ver empresas que hayan experimentado grandes cambios en los últimos trimestres, ya que a menudo es este tipo de cambio el que lleva a una empresa que, por lo demás, era promedio y los catapulta al siguiente nivel. Esto a menudo incluye cosas como un nuevo producto, un nuevo mercado o incluso un nuevo equipo de liderazgo. Lo que importa aquí no es que los estudios muestran que antes de un aumento de precios serio, el 95 por ciento de las compañías de primer nivel vieron este tipo de cambio importante en sus operaciones.

Oferta y demanda: debido a las leyes de la oferta y la demanda, es generalmente más fácil para las empresas con menos acciones en el mercado en general ver mayores ganancias en un período de tiempo más corto. Tanto es así que son las empresas con menos de 25 millones de acciones en circulación las que suelen ver las mayores ganancias. Esto ocurre porque las empresas más grandes requieren niveles mucho más altos de demanda antes de comenzar a generar el impulso que una empresa más pequeña puede obtener con una cantidad relativamente pequeña de interés reciente. Este es un hecho beneficioso para aquellos que están invirtiendo por primera vez en el mercado de valores, ya que las inversiones que hacen no serán lo suficientemente grandes como para impulsar el precio a un nuevo punto directamente.

Líder del mercado: el sistema CAN SLIM también está interesado en separar a los líderes del mercado de los rezagados. Cada industria tiene un puñado de compañías que lideran el mercado y proporcionan retornos confiables para sus accionistas, así como para aquellas que luchan por producir resultados nominales. Para asegurarse de elegir el primero en lugar del segundo, deberá consultar el índice en el que se encuentran sus empresas y comparar su fortaleza relativa. La forma más directa de hacerlo es tomar la tasa de cambio que cada compañía ha experimentado en un período de 12 meses antes de dividirla por la tasa de cambio en el índice relacionado durante el mismo período de tiempo. La tasa de cambio que determine se debe dividir por la tasa de cambio relativa del índice de referencia para encontrar el valor de la fuerza relativa. Solo deberá buscar acciones que se encuentren entre el 10 o el 20 por ciento superior para su índice dado.

La dirección del mercado: Finalmente, cuando se trata de elegir el mejor momento para aprovechar al máximo sus acciones elegidas, es vital que tenga en cuenta el sentimiento general del mercado en ese momento. Después de todo, no importa cuán alta sea la calidad de una inversión dada si el interés en el sector elegido es bajo. La mejor manera de decidir si el mercado es alcista o bajista en su sector elegido es observar el volumen diario del mercado.

Capítulo 6: Consejos Para el Exito

No sea codicioso: si bien desde el principio puede ser natural que los nuevos inversores deseen exprimir cada centavo de cada operación que realicen, es más probable que esto conduzca al fracaso en lugar del éxito a largo plazo. Invertir tiene que ver con el largo plazo y si te quedas demasiado tiempo con la esperanza de ganar un poco más en el corto plazo, es mucho más probable que permanezcas demasiado tiempo así y veas que tus beneficios disminuyen en comparación de los demás. Establezca pérdidas que considere positivas, mantengase así y verá mayores ganancias en general, incluso si sale mientras todavía hay algo de dinero por hacer. Siempre que tenga un plan rentable, seguirlo a largo plazo lo llevará al éxito, lo que significa que no tiene que preocuparse por eliminar ese movimiento de pocos centavos extra de cada negocio positivo que encuentre.

Comprenda que no hay nada seguro: para administrar su dinero con éxito, es importante tener en cuenta que nunca habrá nada seguro, especialmente cuando se trata de invertir en el mercado de valores. El mercado siempre se moverá de maneras inesperadas, y es ese riesgo el que finalmente lleva a obtener ganancias. Si alguna vez llega al punto en el que tiene tanta confianza que siente que no puede simplemente predecir, pero que sabe absolutamente cómo se moverá el mercado, entonces es hora de dar un paso atrás y recordarse estos hechos básicos. A medida que crece en habilidad, es natural que aumente su confianza, pero asegurarse de que esta confianza no se convierta en arrogancia es la mejor manera de evitar que el mercado lo haga por usted.

Diversifique: mientras que usted deberá atenerse a unas cuantas acciones diferentes cuando comience por primera vez, con el tiempo querrá diversificarse para encontrar el verdadero éxito. Esto no solo hará posible que usted se asegure de que un solo giro negativo no acabe con su capital comercial, sino que también garantizará que siempre haya algo en qué concentrarse cuando sus principales acciones no le den mucho con que trabajar.

Nunca olvide que, independientemente de lo exhaustiva que sea su investigación, nunca puede confiar en que un negocio específico vaya bien por completo, especialmente si el mercado se encuentra actualmente en medio de un período de alta volatilidad. La distribución de su capital comercial le proporcionará una manera de estandarizar de alguna manera las ganancias, incluso en medio de lo inesperado. Si invertir en el mercado de valores fuera apostar, entonces diversificar sus participaciones sería cubrir sus apuestas.

Lea más informes económicos: para cada sector del mercado de valores, es probable que haya docenas, si no cientos de informes económicos relevantes publicados cada año. Si bien esto puede parecer demasiado lento para mantenerse actualizado en la práctica, el hecho es que, en general, será la mejor manera de saber la dirección en la que es más probable que se mueva el mercado, así como las formas en que cambiará a corto plazo.

Esto significa que siempre deberá estar al tanto de los últimos informes económicos sobre los sectores del mercado que lo favorecen, así como mantener un calendario actualizado activamente con fechas relevantes bien marcadas. Además de la versión final de los informes, también deberá estar atento a cualquier cosa que no sea oficial o preliminar, ya que cualquier cosa que surja antes del informe oficial, sería un gran lugar para echar un vistazo ya que probablemente tengan las acciones que lo pueden favorecer. De hecho, si estos primeros informes se difunden lo suficientemente antes, incluso pueden iniciar sus propias tendencias a medida que empujan al mercado en una dirección u otra.

Considere sus creencias: como nuevo inversionista que es en el mercado de valores, puede ser fácil envolverse en las innumerables opciones que ofrece el mercado. Sin embargo, después de que haya encontrado su primer obstáculo serio, ya sea una pérdida grave, una mala interpretación del mercado o una docena de problemas comunes de nuevos operadores, es posible que su entusiasmo por el proceso en general se debilite. Si no tiene cuidado, puede hacer que sea aún más difícil mantener con éxito una mentalidad comercial óptima, ya que parece que todo lo que hace, hace que los objetivos que tiene estén cada vez más fuera de su alcance. Si no se maneja adecuadamente, esto puede llevar a un ciclo de auto perpetuación que hará difícil que avance hacia sus metas.

Estos tipos de pensamientos se conocen comúnmente como creencias limitantes y pueden persistir en la forma de varios hábitos diferentes que son menos productivos. Estos incluyen cosas como sobre-extenderse en busca de una meta artificial, abusar del apalancamiento o dudar de usted o su plan en ese momento. Además, si se frena a la hora de realizar intercambios comerciales de calidad, inicia a elegir los puntos de salida o de entrada o a poner excusas por su bajo desempeño, es posible que esté iniciando a tratar con estas creencias limitantes.

Puede ser extremadamente fácil entrar en contacto con estas creencias limitantes y regularmente sin darse cuenta, ya que pueden haber estado con usted de una forma u otra antes de manifestarse en relación con su operación, o pueden haber sido recogidas recientemente a medida que aprendió de los movimientos equivocados de un comercio que salió mal o uno que salió bien cuando no debería haberlo hecho.

Cuando compromete sus creencias limitantes, lo que estás haciendo esencialmente es dejarse engañar intencionalmente y probablemente también le cueste dinero en el proceso. Por el contrario, involucrarse con energías sanas, enérgicas, vibrantes y claras le permitirá concentrarse en lo mejor que su mente tiene para ofrecer, y como resultado mejorando el porcentaje de sus operaciones exitosas.

Concéntrese en usted mismo: si está buscando una manera de perder dinero, nunca habrá un medio más efectivo para hacerlo que tratar de seguir los planes comerciales que funcionan para otras personas. Un plan comercial es una expresión muy personal de sus objetivos para el mercado de divisas y la forma en que va a interactuar con él. Como tal, requiere un montón de pruebas y errores, así como una introspección personal para garantizar que funcione con sus tendencias comerciales naturales en lugar de en contra de ellas.

Si bien observar el nivel de éxito que tienen los operadores profesionales puede dificultar la creación de su propio camino, imitar lo que están tratando de hacer solo es, en última instancia, demostrar que es un ejercicio inútil. En cambio, es importante evitar la tentación teniendo en cuenta que conocerse a si mismo y sus puntos fuertes y débiles es el camino más confiable para el éxito.

Aprenda a ser paciente: cuando se trata de lidiar con el mercado de valores a largo plazo, la paciencia y el éxito van de la mano.Si bien desde el principio puede ser fácil sentir que el tiempo que pasa sin negociar es solo una pérdida de tiempo, el hecho es que con frecuencia habrá periodos de tiempo en los que será la mejor manera de asegurar que sus ganancias permanezcan en un nivel mínimo. El punto razonable será evitar el comercio de cualquier forma. El mercado se mueve en una amplia variedad de formas diferentes, después de todo, y relativamente pocas de ellas resultarán en los tipos de tendencias fuertes que usted está buscando.

Mantenga el objetivo: si bien puede ser fácil mantenerse unido a una acción que se desempeña bien no solo una o dos veces, sino de forma regular una y otra vez, es importante no confiar en una acción hasta el punto de no ser mas objetivo en cuanto a lo que piense. Perder de vista esta objetividad puede hacer que cometa errores, como doblar una propuesta perdedora, cambiar su plan a mitad de la transacción sin ninguna razón justificada o permanecer en el pasado hasta que las señales le indiquen que salga. Lo mismo se puede decir cuando se trata de escuchar fuentes externas, después de que ya hay un intercambio en los libros, la única señal que deberá seguir es su plan comercial, todo lo demás es esencialmente ruido blanco en ese punto. Debe asegurarse de que puede analizar cada una de las operaciones en función de sus propios méritos relativos. Si puede gestionar esto, debería poder confiar en sí mismo lo suficiente como para que todo lo demás se ocupe de sí mismo.

Considere las motivaciones: es importante que comprenda sus propias motivaciones para ser fiel a usted mismo y a su estilo personal de negociar. Del mismo modo, es importante comprender las motivaciones que tienen los diferentes mercados de materias primas si desea intercambiarlas con éxito. Para determinar las motivaciones de sus bienes favoritos, lo primero que deberá hacer es considerar a los principales actores del mercado en ese momento. Una vez que entienda ese aspecto de las cosas, puede ver las mercancías como un medio, y determinar cómo se mueven y por qué. Una vez que esté familiarizado con lo que está sucediendo en ese momento, puede comparar el movimiento actual con el movimiento histórico. Cuando se los considera en conjunto, puede determinar cómo los movimientos que están haciendo los principales actores pueden afectar las condiciones cambiantes del mercado que está experimentando.

Calcule varias estrategias: Eventualmente, comenzará a sentirse limitado por el sistema o plan que está utilizando y deberá expandirse a una variedad más amplia de opciones.Cuando esto suceda, es importante que elabore nuevos planes y estrategias en lugar de intentar forzar su estrategia existente para que funcione de una manera que no fue diseñada. Ciertas estrategias siempre van a funcionar solo en ciertos escenarios y tratar de obligarlas a hacerlo de otra manera es solo tener problemas. Lo que es peor, estas decisiones erróneas van a contaminar su promedio comercial general, haciendo que su plan parezca peor de lo que realmente es.

No duplique: si un intercambio que parece que va a obtener beneficios de forma repentina e inesperada se mueve en la dirección equivocada, la reacción de muchos operadores novatos será dejar que la emoción los supere y posiblemente lo dupliquen convirtiendose rápidamente en una mala inversión, pero con la esperanza de recuperar todo el dinero que se perdió anteriormente. Si se encuentra en una situación en la que está pensando en duplicar algo cuestionable, puede evitar tomar la decisión equivocada preguntándose primero si habría tomado la misma decisión si las cosas hubieran salido bien desde el principio. En casi todos los escenarios, la acción preferible es reducir sus pérdidas y avanzar con claridad. Recuerde, siempre hay operaciones más rentables en el horizonte.

No olvide la recapitulación: incluso si es alguien que puede sentir que sus estrategias de mercado ya están cerca del nivel superior, un paso que podría faltar en su proceso de inversión general es realizar una investigación posterior al análisis. Hacer este tipo de análisis posterior puede ayudarlo a descubrir qué es lo que está yendo bien con sus acciones y cómo puede mejorar la próxima vez que realice una transacción. Los criterios que debe considerar al realizar este tipo de análisis incluyen los siguientes:

Determine si el mercado en general estaba en una tendencia alcista o descendente mientras realizaba sus operaciones. Los estudios han demostrado que tres de cada cuatro acciones normalmente se mueven en la misma dirección que el mercado en general. Esto puede influir en qué tan bien lo hicieron sus acciones esta vez.

Determine si siguió o no sus reglas de ventas personales. Esto puede permitirle asegurarse de que no está invirtiendo emocionalmente, porque si lo está, por lo general significa que se desviará de sus propias reglas.

Determine qué tan bien se está enfocando en sus acciones ganadoras. ¿Por qué vendería acciones que están bien y conservar las que están perdiendo dinero para usted? A veces, si da un paso atrás y observa sus acciones desde un punto de vista más distante, puede ver las tendencias personales a las que tiende. Una vez más, esto también se remonta a la idea de la inversión emocional. Es importante asegurarse de que no está manteniendo una acción no rentable solo porque personalmente le gusta la compañía con la que se está negociando.

No se salte el paso de la investigación: muchos nuevos inversionistas están impacientes. El hecho de que muchos nuevos inversionistas tienden a ser típicamente más jóvenes tampoco ayuda en nada. Las personas parecen estar cada vez más impacientes, y uno de los factores que generan éxito en el mercado de valores es la paciencia. En lugar de preocuparse por comenzar su primera operación en un mercado en particular, debe asegurarse principalmente de saber todo lo que pueda sobre una compañía en la que esté interesado en invertir. Los nuevos inversionistas a menudo se encuentran en desventaja porque desconocen cosas como las tendencias estacionales, los patrones de negociación y el momento de publicación de la información para diferentes nichos de negocios. Recuerde tomarse el tiempo que sea necesario para realizar una investigación antes de realizar su primer intercambio. Es probable que su billetera se lo agradezca más tarde.

No sea un pez - seguidor: mientras que el mantra de "la tendencia es su amigo" es solo uno de los muchos dichos que se crean a través del mercado de valores, muchos nuevos inversionistas cometen el error de seguir este consejo muy de cerca. Es normal que un nuevo inversionista quiera seguir con el paquete cuando se está llevando a cabo un intercambio, pero muchos inversionistas veteranos saben cuándo deben salir del negocio basándose en el conocimiento de que la inversión se ha vuelto demasiado concurrida o el dinero está dejando un trato no particular. Si bien definitivamente debería notar las tendencias que están ocurriendo en el mercado, también tiene que desarrollar sus propios recursos cuando llegue el momento de la fianza. No tenga miedo de marcar su propio camino. Esto puede ahorrarle dinero en lugar de hacer que lo pierda. Además, su reputación puede desarrollarse más positivamente si usted es alguien que sigue su intuición en lugar de la lógica del grupo.

Capítulo 7 : Errores a Evitar

No controlar sus acciones correctamente: es cierto que las listas de precios de las acciones a menudo se registran en los periódicos y otros sitios en línea todos los días, pero una vez que se invierte su dinero, debe tener una visión aún más cercana de las tendencias del mercado. Si bien un periódico puede informar los precios de las acciones una vez al día, si aprende a leer los teletipos de los diferentes mercados, puede obtener un progreso minuto a minuto de su inversión. Además, aprender a leer los estados financieros de la compañía y evaluar las tendencias puede hacer que las inversiones de Penny sean mucho más segura de lo que cree.

Una de las claves más importantes para invertir es minimizar su nivel de riesgo. Incluso el inversionista más experimentado tomará estas precauciones como un intento de reducir sus pérdidas. Existe un gran potencial para aumentar sus ingresos, pero no es un tipo de negocio para entrar y salir. La inversión en acciones es una práctica que puede ofrecerle grandes recompensas si realmente quiere hacer el trabajo.

No centrarse en la liquidez en el corto plazo: la liquidez se puede considerar como una función de la propagación que, a su vez, se puede considerar como la diferencia entre lo que se está vendiendo actualmente la acción y para qué se está comprando actualmente o para estimar que se venderá en un punto en el futuro. Si planea realizar inversiones a corto plazo, comprender la liquidez es vital para su éxito.

Esta diferencia se debe al hecho de que la mayoría de las acciones que se compran o venden cada día se venden a través de corredurías en lugar de personas físicas o de las propias empresas, lo que significa que la tasa a la que se venden las acciones puede variar considerablemente, incluso en un período de tiempo particularmente bajo.Como regla general, cuanto mayor sea la propagación, mayor será la dificultad para mover la acción en cuestión cuando llegue el momento de hacer algo con él, además de esperar y esperar lo mejor.

Cuando se trata de marcos temporales más largos, encontrará que la liquidez es un factor menos importante, ya que pierde prácticamente toda su relevancia cuando abandona el corto plazo y comienza a observar franjas de tiempo más amplias. En cualquier caso, es importante seguir con las compañías que tienen una valutación de al menos de más de $500,000.

Persiguiendo pérdidas: perseguir sus pérdidas es uno de los errores comunes de inversión cometidos por principiantes e incluso por inversionistas o comerciantes experimentados de vez en cuando. Esto usualmente ocurre cuando experimentas una pérdida de un negocio. Dado que ha perdido dinero de esa inversión, siente una presión para recuperarlo. Sin embargo, lo malo de perseguir sus pérdidas es que generalmente lo lleva a perder más de su inversión. La razón principal es que una vez que persigue sus pérdidas, generalmente tiene que convertir su estrategia en un enfoque agresivo. Por ejemplo, si actualmente solo gasta el 3% de su inversión total por operación, se verá obligado a gastar incluso el 10% por operación solo para recuperar sus pérdidas

98

rápidamente. Aunque esto es bueno si la inversión funciona, esto es malo si dicha inversión no funciona.

Tenga en cuenta que no significa que una vez que persiga sus pérdidas, ya perderá la inversión. A veces puedes tener suerte y hacer que funcione. Sin embargo, dado que este es un enfoque agresivo, no se puede esperar que siempre funcione, especialmente a largo plazo. De hecho, a largo plazo, es muy probable que pierda todo el dinero de su inversión si continúa confiando en este enfoque.

En lugar de perseguir sus pérdidas, se recomienda que se mantenga calmado y se centre en perseguir más sus ganancias. Aprenda a aceptarlo cuando pierda. Después de todo, incluso los inversores más exitosos también cometen errores. También experimentan pérdidas de vez en cuando. Sin embargo, lo importante es obtener un beneficio positivo cuando resuma todas sus inversiones o transacciones.

Iguala la práctica a lo real: si bien muchas fuentes recomiendan comenzar con una cuenta de demostración o usar una para practicar nuevas estrategias potenciales, la verdad del asunto es que invertir con dinero falso niega un aspecto importante del proceso real; a saber aprender a lidiar con el estrés adicional que conlleva poner su dinero en línea y arriesgarse. Mantener la mentalidad correcta, incluso cuando las cosas se ponen difíciles, es una parte clave para ser un inversionista exitoso y un plan que funciona en una cuenta de demostración puede desmoronarse repentinamente si no puede mantenerlo unido cuando el dinero está en la línea.

Como tal, es mejor practicar con operaciones pequeñas que no afectarán negativamente a su total de fondos muy drásticamente si las cosas no funcionan de acuerdo con el plan. Esto le permitirá experimentar al menos una versión de cómo será cuando comience a realizar operaciones más grandes para que su propia respuesta emocional no lo pille desprevenido cuando sea más importante.

No mantener las emociones fuera de la ecuación: si bien no hace falta ser un experto inversionista para comprender que las emociones no tienen cabida en el repertorio de un inversor exitoso, se debe entender este hecho y utilizarlo como un trampolín para eliminar sistemáticamente toda emoción de su experiencia personal. Esto puede ser especialmente difícil si intenta eliminar todas las emociones de una sola vez, por lo que es más productivo atravesarlas y eliminarlas una por una.

Para muchos inversores, la emoción más poderosa con la que entran en contacto de manera regular es la ira, que es probablemente la responsable de más operaciones fallidas que cualquier otra. Si bien es natural sentirse enojado cuando ejecuta correctamente su plan solo para que las cosas salgan mal de manera inesperada, es importante no permitir que este enojo le haga sufrir pérdidas adicionales en un intento equivocado de volver al mercado por causar su primera operación. ir mal Como tal, es extremadamente importante trabajar para ver el panorama general al invertir y comprender que perder es una parte del proceso que solo es verdaderamente relevante si comienza a superar las ganancias hasta el punto de que su porcentaje exitoso cae por debajo del 50 por ciento. Mientras su porcentaje siga siendo rentable, puede pensar en el fracaso como parte del plan.

Junto a la ira, la emoción más común que está garantizada para sesgar su perspectiva es el miedo. Al igual que la ira, es natural tener un poco de miedo a la hora de realizar grandes inversiones, especialmente las de alto riesgo y la gran variedad de recompensas. Del mismo modo, si invirtió más de lo que podía, estrictamente hablando, podría permitirse el lujo de observar que su progreso puede ser francamente aterrador.

Mientras que enojarse puede nublar su juicio, tener miedo puede dejarlo paralizado e incapaz de tomar el tipo de decisión de fracción de segundo que puede convertir una pérdida importante en un bache menor en el camino. Existen dos formas principales de superar su miedo, la primera de las cuales es no comenzar nunca algo que no puede permitirse perder. Invertir nunca es algo seguro, por eso el potencial de ganancias es tan grande y cuanto más pronto aprenda a vivir con ese hecho, mejor. La otra manera de mitigar el miedo es con la práctica. Recuerde, cuanto más invierta, más cómodo se sentirá todo el proceso.

Invertir sin un objetivo claro en mente: incluso si está aprendiendo todos los entresijos del mercado, es importante que nunca invierta sin una idea clara de lo que espera obtener. Invertir sin un conjunto claro de objetivos es una forma segura de perder dinero, incluso si está siguiendo un plan de inversión seguro. Si bien puede ser difícil determinar sus objetivos de inversión personalizados, es importante que descubra los detalles antes de comenzar a trabajar en el mercado en serio.

Esto no solo lo hará más efectivo en general, sino que también hará más fácil para usted mantenerse a cargo de sus emociones, por lo que no espera un día de pago serio de inmediato cuando es poco probable que se materialice. Finalmente, es importante que le de tiempo a sus objetivos para que se materialicen antes de comenzar a cambiar las cosas. Si bien va a querer estar al tanto de los objetivos poco realistas, es importante que al menos espere unas semanas para determinar cómo es probable que las cosas se desordenen para asegurarse de que no esté cambiando constantemente su plan sin causa.

Diversificarse demasiado para comenzar: Aunque en última instancia se recomienda invertir en diferentes sectores del mercado; cuando se trata de maximizar la diversificación y minimizar el riesgo, desde el principio se recomienda que se adhiera a un sector del mercado para que pueda aprender tanto como sea posible sin tener que dividir su enfoque. Centrarse en un tipo de negocio le permitirá tener un entendimiento más profundo para elegir la opción correcta entre un par de acciones que recientemente bajaron un 20 por ciento en el precio cuando uno de ellos ahora está infravalorado y el otro solo está comenzando a tener una caída repentina .

No cronometrar correctamente el mercado: si bien todos están familiarizados con el viejo adagio: comprar poco y vender caro, no se traduce particularmente en un consejo práctico. Muchos inversionistas que intentan comprar a bajo precio cuando piensan que el mercado ha tocado fondo o intentar vender cuando el mercado está en un pico aparente, a menudo los pierden frente a aquellos inversionistas que simplemente compran acciones confiables y las mantienen a largo plazo. Lo que es peor, muchos de los que intentan cronometrar el mercado terminan perdiendo mucho dinero, lo que puede ser devastador dependiendo de lo cerca que estén de la jubilación. La forma más fácil de elegir acciones exitosas para comprar y mantener sin tener que pagar un fondo mutuo es a través de la compra de acciones de un fondo unico, ya que es más fácil encontrar un fondo unico rentable que elegir acciones que serán rentables individualmente.

Hacer inversiones que son demasiado riesgosas: es importante tener en cuenta que cuanto más lejos esté de su jubilación, más riesgosas serán las inversiones que pueda hacer, ya que tendrá más tiempo para recuperarse si elige mal. Sin embargo, una vez que esté dentro de los 5 años de jubilación, siempre será mejor tomar una inversión más segura con el rendimiento estimado más bajo que invertir en algo que sea incluso con una forma remota de riesgo. Una buena regla general a la hora de determinar qué parte de su cartera general debería estar en acciones, es tomar su edad y restar ese número de 110.

Por lo tanto, si actualmente tiene cincuenta años, entonces puede sentirse seguro con una cartera con un 60 por ciento de acciones, con 60 años puede ser de cincuenta por ciento, etc. El resto debe estar en bonos u otra inversión similar de bajo riesgo. Si bien esta cantidad es algo más alta de lo que recomendarán algunos expertos en inversiones, es importante tener en cuenta que los estadounidenses viven actualmente más tiempo que nunca, lo que significa dos cosas. Primero, que tendrán un período de retiro más largo para planificar de lo que históricamente ha sido el caso, y segundo, que tendrán un período de tiempo igualmente largo para recuperarse de las inversiones más riesgosas.

No tener un buen plan de salida: es común que los nuevos inversionistas tengan un plan cuando se trata de obtener una operación potencialmente rentable sin tener una idea igualmente sólida para cuándo van a salir. Esto los lleva a escenarios en los que salen demasiado pronto y pierden dinero fácil o permanecen demasiado tiempo y terminan con una inversión pobre o se ven obligados a sufrir una pérdida a pesar del comienzo prometedor. Si tiene dificultades para encontrar los puntos de salida correctos, el lugar más fácil para comenzar es concentrarse en agregar especificaciones técnicas detalladas a su estrategia de salida. Después de ponerlas en juego, es importante no quedarse con ellas ciegamente y, en cambio, cambiarlas según sea necesario en función del cambiante entorno del mercado.

Mantener las tendencias relativas: si una tendencia ya está bien definida en el mercado, es muy posible que continúe el tiempo suficiente para que usted gane algo de dinero, pero esto está lejos de ser una garantía. El mercado naturalmente fluctuará hasta el 20 por ciento de su promedio actual con muy poca advertencia, antes de volver a establecerse en el estándar actual. Esto significa que si se lanza de manera imprudente a una tendencia específica sin hacer la tarea requerida, con frecuencia se encontrará con una dinámica que nunca irá a ningún lado.

Antes de hacer un cambio con respecto a una tendencia específica, hay tres marcos de tiempo distintos que se deben considerar primero. Si eres propenso a trabajar a corto plazo, entonces querrás estar atento a los gráficos semanales por hora y diarios. Si prefiere mantener las operaciones durante un período de tiempo más prolongado, los gráficos diarios, semanales y mensuales normalmente serán más útiles.

Conclusión

Gracias por llegar hasta el final de Invertir en el Mercado de Valores para Principiantes, esperemos que haya sido informativo y capaz de proporcionarle todas las herramientas que necesita para alcanzar sus objetivos. El hecho de que haya terminado este libro no significa que no haya nada más que aprender sobre el tema, y expandir sus horizontes es la única forma de encontrar el dominio que busca.

Si bien los capítulos anteriores probablemente le hayan dado muchas ideas sobre qué hacer de aquí en adelante, lo primero que deberá hacer es asegurarse de que ha medido las expectativas sobre lo que sucederá luego. Si bien un pequeño porcentaje de personas que invierten en el mercado de valores comienza a obtener rendimientos serios en un corto período de tiempo, es importante tener en cuenta que son la excepción y no la regla. Tener expectativas poco realistas no solo le hará más difícil tomar los pasos correctos para generar riqueza a largo plazo, sino que también pondrá en riesgo su capital de inversión. Como tal, es mejor considerar invertir en el mercado de valores como un maratón, no como un sprint, lo que significa que la carrera es lenta y constante.

Finalmente, si encuentra útil este libro de alguna manera, ¡siempre se agradece una recomendación!